OBSERVATIONS

ET ÉCLAIRCISSEMENS

SUR LE PARAGRAPHE

CONCERNANT LES FINANCES,

Dans l'Exposé sur la Situation du Royaume, présenté à la Chambre des Pairs et à celle des Députés.

SECONDE ÉDITION.

A PARIS,

CHEZ DELAUNAY, LIBRAIRE, PALAIS-ROYAL.

1814.

OBSERVATIONS

ET ÉCLAIRCISSEMENS

SUR LE PARAGRAPHE

CONCERNANT LES FINANCES,

Dans l'exposé de la Situation du Royaume,
présenté à la Chambre des Pairs et à
celle des Députés.

OBSERVATIONS.

Les comptes publiés chaque année, jusques
et compris 1811, par les deux ministères des
finances et du trésor, repoussent, ce me semble, toute idée de dissimulation de la part du
Gouvernement qui a mis constamment tous les
résultats de chaque exercice sous les yeux de
tout le monde. On trouve dans les comptes du
trésor et les recettes effectuées sur chacun des

EXPOSÉ.

L'exposé de la situation du ministère
des finances doit offrir l'explication de
celle de tous les autres ministères ; mais
ici se concentrent les résultats : avant de
les faire connaître il importe d'expli-
quer de quelle manière l'ancien Gouvernement était parvenu à les cacher.

articles dont le budjet se compose, et les dépenses acquittées sur les ordonnances de chaque ministre, non-seulement en masse, mais encore par nature de dépense, et ce compte de détail forme le contrôle naturel des résultats généraux présentés par celui du ministère des finances.

De telles formes établies dès l'origine par la seule volonté du Gouvernement, et constamment suivies depuis, auraient pu faire mieux présumer, au moins de ses intentions, et le garantir d'une accusation qui serait avilissante, si l'injustice n'en était pas évidemment démontrée.

Au premier coup d'œil le système des finances de l'ancien Gouvernement se présente avec une apparence d'ordre et d'exactitude.

Avant le commencement de chaque année, le ministre des finances devait réunir les demandes des ministres pour les dépenses de l'année, et en former le budjet des dépenses.

Il devait également former, par aperçu, l'état du produit des impôts et revenus, et en déduire le budjet des recettes.

Ces deux tableaux mis en balance composaient le budjet général de l'État, et semblaient promettre qu'on pourrait pourvoir aux dépenses de tous les services en réalisant tous les revenus.

Mais cet équilibre n'était que fictif.

Le désordre qui règne dans la rédaction de cette partie du rapport, où tout ce qui a trait soit aux recettes, soit aux dépenses, se croise et se confond, exige que je replace les idées dans leur ordre naturel.

Le budjet se compose de deux parties bien distinctes : la recette et la dépense.

On reproche au dernier Gouvernement d'avoir mis dans l'une et dans l'autre, une foule d'inexactitudes et même de *faussetés*.

Examinons d'abord ce qui concerne la recette.

Premier grief. « Les fonds dits spéciaux,
» objet de plus de 100 millions par an, n'é-
» taient pas compris dans le budjet ».

A cela je réponds qu'il eût été contre toute
idée d'ordre d'introduire dans le budjet de l'État
des recettes étrangères à ses revenus, et de
placer ainsi sous sa garantie le paiement de dépenses qui ne concernaient point le service
public, auquel seul ces revenus sont destinés.

Les fonds spéciaux sont versés au trésor, les
uns directement, les autres par l'intermédiaire
de la caisse d'amortissement : l'un et l'autre ne
doivent à chaque département ou à chaque
commune que la somme qu'ils ont reçue pour
leur compte respectif, et si cette somme devient
insuffisante, c'est par leurs moyens particuliers
que les départemens ou les communes doivent
y pourvoir.

Mais ces fonds, pour n'avoir pas été compris
dans le budjet de l'État, où ils ne pouvaient
être convenablement placés, n'en ont pas moins
toujours été soumis à une comptabilité régu-
lière et *publique*. Les comptes du ministère
du trésor (*qui depuis l'an 10 a été entièrement distinct de celui des finances*) comprennent pour chaque exercice un état parti-
culier, par nature de recette et de dépense,
de tout ce qu'il a reçu et payé sur les fonds

et le budjet, soit des recettes, soit des
dépenses, était altéré par une foule
d'inexactitudes et même de faussetés.

Les fonds dits *spéciaux*, objets de
plus de 100,000,000 par an, n'étaient pas
compris dans le budjet ; beaucoup de dépenses extraordinaires n'étaient portées
à aucun ministère.

Les dépenses de la guerre étaient cal-
culées sur un effectif très inférieur à
l'effectif réel ; une ou plusieurs cons-
criptions étaient levées ; des remontes,
des approvisionnemens et des travaux
étaient ordonnés dans le cours d'une
année, sans que les crédits fussent aug-
mentés proportionnellement : les crédits devenaient donc nécessairement in-
suffisans, et un arriéré considérable se
formait et s'accroissait chaque jour.

La plupart des produits présumés,
portés au budjet, étaient de plus éventuels ou exagérés ; on ne pouvait les réaliser, ou l'on n'obtenait qu'une somme
inférieure à leur évaluation. Ainsi les
budjets de 1812 et 1813 offrent encore
un déficit de 312 millions 32 mille fr.
(*Tableau* N°. 11).

spéciaux. Il n'a pas dû en être question dans ceux du ministère des finances, qui ne comprennent que les recettes et les dépenses *générales*. C'eût été une superfluité, un double emploi évident, les comptes des deux ministères paraissant à la même époque et recevant la même publicité.

Je ne vois donc pas comment l'ordre suivi à l'égard des fonds spéciaux pourrait justifier le reproche d'inexactitude, et surtout celui, bien plus grave encore, *de fausseté* dans la formation du budjet de l'État.

SECOND GRIEF. « La plupart des produits » présumés portés au budjet étaient de plus ou » éventuels ou exagérés. On ne pouvait les » réaliser, ou on n'obtenait qu'une somme » inférieure à l'évaluation. Ainsi les budjets » de 1812 et 1813 offrent un déficit de » 312,032,000 fr. »

Si je voulais accuser à mon tour, je pourrais dire qu'il y a ici plus que de la légèreté. Les événemens désastreux des deux dernières campagnes sont assez connus, pour qu'avec tant soit peu de justice on eût pu leur attribuer une bonne partie du mal. Comment en effet le trésor eût-il pu être assez heureux pour ne recevoir aucun contre-coup de l'état de souffrance, à peu près sans exemple, dans lequel la France s'est trouvée? Et comment ne pas reconnaître l'influence que de telles circonstances ont dû avoir sur la marche des recouvremens comme sur le produit des contributions indirectes? Était-ce donc le cas de s'en prendre aux évaluations des budjets?

Mais, à part ces circonstances extraordinaires, qui ne sait que, dans tous les pays du monde, un budjet n'est jamais qu'un aperçu qui se rectifie à mesure que les résultats sont connus; et comment des estimations faites, au commencement de l'année, de produits toujours éventuels, tels que ceux de l'enregistrement, du timbre, des hypothèques, des droits de greffe, des amendes, du droit sur les boissons, sur les distilleries, de celui sur le sel, du produit de la vente des tabacs, des postes aux lettres, de la loterie enfin, à laquelle particulièrement un seul tirage vient enlever plusieurs millions des bénéfices de toute l'année; comment, dis-je, des estimations faites à l'avance de ces produits divers pourraient-elles avoir un résultat toujours égal?

Quel était le remède à cet inconvénient inévitable? N'était-ce pas celui que le dernier Gouvernement avait adopté, de rappeler dans le compte des finances de chaque année le budjet de chacun des exercices antérieurs non soldés, d'indiquer les différences en plus et en moins sur les articles définitivement constatés, et de proposer au Corps-Législatif des supplémens de moyens lorsqu'ils devenaient nécessaires, comme de transmettre à un nouvel exercice l'excédant que l'ancien avait produit? Cette marche est la seule qui soit dans la nature des choses; celle par conséquent à laquelle il faut bien se soumettre et pour la recette et surtout pour la partie de la dépense, dont la première estimation peut être plus sensiblement dérangée par des événemens imprévus, comme celle de la guerre par exemple. Je doute qu'aucun gouvernement puisse jamais s'en tirer autrement,

J'ai dit qu'avant de tirer une induction défavorable du déficit que doivent offrir les budjets de 1812 et 1813, on aurait dû faire la part des événemens; et, en effet, que l'on jette les yeux sur le tableau n°. 11, l'on y voit que, pour l'exercice 1812, le déficit sur les revenus proprement dits se réduit à moitié environ sur les produits *extraordinaires* des douanes, et à 9 millions sur l'enregistrement.

Or, je le demande à tout homme impartial, peut-on s'étonner que, dans une année aussi malheureuse, les introductions qui pro

duisent les droits de douanes aient sensiblement diminué comme les consommations, et
que le ralentissement du mouvement des
affaires ait occasionné à la régie de l'enregistrement un vide de 9 *millions seulement* sur
l'estimation de 170 *millions* portés au budjet ?
N'est-il pas plus que probable que, dans des
circonstances différentes, ce vide, qui peut
encore être contesté en tout ou en partie
jusqu'à preuve contraire, n'aurait point existé?

Le surplus du déficit porte, pour 46 millions, sur le défaut de vente de biens situés
dans les Etats Romains; mais ces biens étaient
au pouvoir du dernier Gouvernement à l'époque
de la formation du budjet. Cette ressource
n'est donc devenue caduque que par le résultat
d'événemens postérieurs.

Quant aux 77,500,000 francs de biens com-
munaux, je ne comprends pas qu'ils puissent
être considérés comme un déficit réel et cons-
taté, puisqu'ils sont représentés par la masse
encore considérable des biens qui restent à
vendre, et qu'il est impossible à qui que ce soit
d'en estimer dès à présent le véritable produit,
qui dépend en grande partie des résultats des
enchères.

Les mêmes observations s'appliquent avec
plus de force encore à l'exercice de 1813, où

les événemens de la guerre d'Espagne, la perte
de la Hollande et l'envahissement d'une partie
du territoire français par suite des désastres
militaires de cette campagne, ont occasionné
sur les revenus ordinaires des pertes qui auraient dû être prises en grande considération.

Je remarque au surplus que l'on fait encore
entrer dans le déficit supposé sur cet exercice,
un capital de 69,500,000 francs en biens com-
munaux, dont la réalisation *était, dit-on,
impossible*. Je répète que la preuve de cette
assertion ne peut résulter que de l'événement
des ventes, qui sera nécessairement affaibli de
la valeur des biens situés dans les nombreux
départemens que nous avons perdus; mais
c'est encore une circonstance qui ne devait
pas être prévue à l'époque de la formation du
budjet.

Mais pourquoi s'est-on attaché de préférence
aux deux exercices dont les événemens ont
amené la chute du dernier Gouvernement?
Les exercices antérieurs auraient-ils été moins
favorables au reproche, quelque insignifiant
qu'il soit, que l'on voulait lui faire? Voyons
ce que nous apprennent à cet égard les comptes
rendus.

On se rappelle sans doute encore le chaos

dans lequel le dernier Gouvernement trouva les finances en l'an 8 ; on en trouve les traces dans le rapport placé à la tête des comptes annuels rendus par le ministre des finances. On y trouve aussi les développemens du système fondé à cette époque pour cette partie d'administration, et qui subsiste encore aujourd'hui. On y voit que la première année fut employée à reconstruire l'édifice au milieu des ruines, et qu'il ne fut possible de faire aucun budjet. Le premier fut celui de l'an 9 ; voyons comment il fut établi :

NATURE DES PRODUITS.	ESTIMATION Des revenus ordinaires suivant le budjet primitif formé au commencement de l'an 9.	PRODUITS EFFECTIFS recouvrés successiv. jusques en l'an 13, époque de la clôture de la comptabilité de cet exercice.
Contributions directes. .	263,000,000 fr.	264,792,702 fr.
Régie de l'enregistrem.	123,000,000	147,676,000
Douanes. . ·	12,000,000	18,862,511
Postes. . . ·	8,000,000	8,239,517
Loteries.	7,000,000	8,473,311
Salines . . . . · . .	2,000,000	2,837,902
TOTAL.	415,000,000 fr.	450,881,943 fr.

Je ne pense pas qu'on puisse rien trouver dans les résultats de ce tableau, qui présente le caractère d'une inexactitude volontaire ou d'une *fausseté ;* on voit que le produit de chaque branche de revenu, loin d'avoir été sur-évalué, a dépassé les estimations qui en avaient été faites.

Poursuivons :

Exercice de l'an 10.

MONTANT DES PRODUITS.	ESTIMATIONS portées au budget primitif.	Produits effectifs recouvrés successivement jusques en l'an 13.	OBSERVATIONS.
Contributions directes. .	272,000,000 fr.	273,608,790 fr.	* On voit dans le compte de l'an 10 que le produit réel des salines avait été de 3,204,000 fr. sur lesquels le Gouvernement avait affecté le paiement de constructions nouvelles, utiles à l'amélioration de ces établissemens ; ce qui a réduit à 2,000,000 la somme effectivement rentrée au trésor.
Régie de l'enregistrem.	150,000,000	159.960,746	
Douanes	22,000,000	30,979,942	
Postes.	9,000,000	10,367,421	
Loteries.	10,000,000	11,652,094	
Salines	2,800,000	2,000,000 *	
Recettes diverses et accidentelles	4,200,000	4,085,515	L'estimation première n'avait donc point été forcée.
TOTAUX	470,000,000 fr.	492,654,508 fr.	

J'abrège ces comparaisons pour les exercices suivans, dont il suffit de comparer les résultats généraux.

Exercice de l'an 11.

Budjet primitif. . . . . . 589,500,000 fr.
Produit réel en l'an 13 . . . 601,072,227
Excédant sur les estimations. . 11,572,227

Exercice de l'an 12.

Budjet primitif. . . . . . 700,000,000 fr.
Produit réel en l'an 13. . . . 769,921,537
Excédant du produit. . . . 69,921,537

Je ne vois rien jusques là qui puisse justifier le reproche d'exagération dans les estimations des budjets ; voyons si des exercices plus récens pourraient en offrir l'exemple.

Exercice 1808.

Budjet primitif. . . . . . 730,000,000 fr.
Produit réalisé. 710,000,000
Différence en moins. . . . 20,000,000

Elle provient d'une diminution dans les produits des douanes. Cette régie avait rendu près de 90 millions en 1807. Elle avait été estimée à 75,000,000 seulement dans le budjet de 1808 :

ainsi, il y avait plutôt modération qu'exagération dans cette évaluation : néanmoins les produits ont encore trompé les espérances, ce qui ne détruit pas la preuve de la bonne foi qui avait présidé à la rédaction du budjet.

Exercice 1809.

Budjet primitif.	730,000,000 fr.
Produit réalisé.	740, 009,188
Excédant sur les estimations. .	10,009,188

Exercice 1810.

Budjet primitif.	740,000,000 fr.
Produit réalisé	795,414,093
Excédant sur les estimations. .	55,414,093

Cet excédant est provenu pour 7,000,000 des contributions des départemens des Bouches-du-Rhin et des Bouches-de-l'Escaut, réunis à la France postérieurement à la formation du budjet primitif.

Exercice 1811.

Budjet primitif. . . , . .	954,000,000 fr.
Produit réel.	953,200,000
Différence en moins. . . .	800,000

L'augmentation des revenus de 1810 à 1811 provient principalement de ce que la Hollande, les départemens anséatiques et l'Illyrie sont entrés pour la première fois, cette année là, dans la comptabilité de l'État.

On connaît les causes qui pour 1812 et 1813 ont dû déranger tous les calculs de prévoyance.

Cette série d'exemples paraît démontrer qu'il y a eu bonne foi dans les estimations des recettes, et que surtout on s'est toujours tenu plutôt au-dessous qu'au-dessus des probabilités.

Les évaluations des dépenses n'ont été généralement fautives que pour les services de la guerre et de la marine, sur lesquels les circonstances d'une guerre perpétuelle en pays étranger ont eu constamment une influence qui n'a jamais pu permettre que les derniers résultats d'une campagne, sous le rapport de la dépense, pussent être appréciés à l'avance avec quelque précision. Il est bon néanmoins de voir à quelles distances les dépenses effectives se sont trouvées des estimations qui en avaient été faites.

An 9.

Budget primitif. . . . . . 526,477,041 fr.
Dépenses réelles constatées en
l'an 13 , époque de la clôture de
cet exercice. 549,620,169
____
Excédant des dépenses réelles
sur le budget primitif 23,143,128

An 10.

Budget primitif. . . . . . 500,000,000 fr.
Dépenses réelles en l'an 13 ,
époque de la clôture de cet exercice. 499,937,885
____
Excédant du budget sur les dépenses. 62,115

C'est-à-dire égalité.

An 11.

Budget primitif. . . . . . 589,500,000 fr.
Dépenses réelles en l'an 13, épo-
que de la clôture de cet exercice. 632,279,523
____
Excédant de la dépense sur le budget. 42,779,523

An 12.

Budget primitif. . . . . . 700,000,000 fr.
Dépense réelle en l'an 13. . . 804,431,555
____
Excédant de la dépense . . . 104,431,555

Année de guerre et de création de la flottille

de Boulogne, dépense tout-à-fait imprévue à l'époque de la formation du budjet.

Exercice 1808.

Budjet primitif. . . . . . 730,000,000 fr,
. Dépense réelle en 1811, époque
de la clôture de cet exercice. . . 772,744,445

Excédant de la dépense. . . 42,744,445

Exercice 1809.

Budjet primitif. . . . . . 730,000,000 fr.
Dépense réelle en 1811, époque
de la clôture de cet exercice. . . 786,740,214

Excédant de la dépense. . . 56,740,214

Exercice 1810.

Budjet primitif. . . . . . 740,000,000 fr.
Dépense réelle constatée en 1813. 785,060,443

Excédant de la dépense . . . 45,060,443

Exercice 1811.

Budjet primitif. . . . . . 954.000,000 fr.
Dépense réelle constatée en 1813. 1,000.000,000

Excédant de la dépense . . . 46,000,000

Toutes ces différences, qui n'ont *au sur-plus jamais été cachées*, puisque ce sont les comptes publiés chaque année qui me fournissent les renseignemens que je produis; ces différences, dis-je, ont été couvertes ou par les améliorations des recettes, ou par les moyens extraordinaires qui y ont été appliqués d'après les lois de finances : en sorte qu'au premier janvier 1812, les finances de l'État se trouvaient dans un équilibre aussi exact que peuvent l'être celles d'une grande nation ; c'est-à-dire qu'il n'existait plus de réclamations que pour une vingtaine de millions de vieilles créances, dont la consolidation avait été annoncée par le compte de 1811, et adoptée par la loi des finances du 20 mars 1813.

Il est donc vrai de dire que l'équilibre n'a été dérangé que par les événemens de la guerre de Russie, qui ont entraîné des pertes dont l'objet ne pouvait assurément être prévu dans les budjets des exercices 1812 et 1813.

Pourquoi donc placer la cause du mal où elle n'est pas, pour en faire un titre d'accusation tout-à-fait sans fondement ?

Je ne comprends pas pourquoi l'on divise les fonds provenant des *tributs de l'étranger* de ceux *du domaine extraordinaire*, qui n'a pu se composer que du produit de ces mêmes tri-

Le chef du Gouvernement n'ignorait pas ces déficits; mais il espérait toujours les combler, soit par ces tributs de l'étranger que lui avaient valus ses premières campagnes, soit en puisant des ressources dans les fonds spéciaux, dans le Domaine extraordinaire, dans la Caisse d'amortissement, dans la Caisse de service, etc. C'est ainsi que presque tous ces fonds, qui n'étaient pas destinés aux dépenses de la guerre, y ont été employés : et de là est né, dans les finances, un arriéré considérable, dont nous allons faire connaître l'étendue.

buts. Je ne comprends pas davantage comment on pourrait établir que ces fonds ne fussent pas destinés aux dépenses de la guerre comme à tout autre besoin de l'Etat. Je comprends moins encore comment on a pu faire ressortir de l'application de ces fonds aux affaires de la nation à laquelle ils appartenaient, un arriéré dans les finances, qui figure dans l'état des anticipations pour un capital de 236,550,000 fr.

1°. Il a été enlevé aux fonds spéciaux et employé aux dépenses du budjet une somme de 53 millions 550 mille fr. (*Tableau* N°. 12).

Le trésor a dû, dans les deux dernières années, être réduit à la nécessité d'user de toutes ses ressources. Il est fâcheux sans doute que le paiement, soit des sommes affectées à des destinations spéciales dans le ministère de l'intérieur, soit des dépenses particulières aux départemens ou aux communes, ait été dans le cas d'en éprouver du retard. Leurs créanciers n'ont fait au surplus que supporter, comme tous les créanciers de l'Etat, le poids des circonstances; et l'application momentanée de ces fonds aux dépenses publiques n'a point aggravé la situation du trésor, qui devrait cette somme de plus sur les dépenses générales, s'il ne l'avait point appliquée aux besoins urgens de son service.

2°. Il a été prélevé sur les caisses du domaine et de la couronne 236 millions 550 mille fr. (*Tableau* N°. 13).

J'ai présenté plus haut l'observation dont cet article me paraît susceptible.

Je remarque qu'une bonne partie des sommes portées dans cet état n'a aucun rapport avec son titre : *Etat des sommes détournées*, etc. : sur 162,014,000 fr., je ne vois guère que 21 à 22 millions dont la destination ait été intervertie. Au surplus, l'observation à faire sur cet article rentre dans celle faite sur l'article premier.

Tout le reste paraît le résultat des opérations de crédit que le trésor a été dans le cas de faire, pour suppléer au défaut de recettes dans des temps qui ont été si peu favorables aux recouvremens, et la somme aurait pu en être plus importante encore sans que l'on eût trop à s'en étonner.

3°. La Caisse de service et celle du trésor ont avancé et consommé 162 millions 14 mille fr. (*Tableau* N°. 14).

Encore un prétendu *détournement*, qui se réduira en dernière analyse à peu de chose, si l'on doit prendre ce mot dans sa véritable acception.

Point de doute pour les fonds déposés, montant de 17 à 18 millions, qui sont dans le même cas que les sommes portées à l'article premier : mais il n'est pas clair pour moi que les 30 millions portés dans ce tableau pour le compte du ministère de l'intérieur, ne fassent pas en tout ou en partie double emploi avec les

4°. Il a été détourné de la Caisse d'amortissement et employé aux dépenses 275 millions 825 mille fr. (*Tableau* N°. 15).

53,58o,ooo fr. portés au tableau n°. 12 ; pour
le compte du même ministère.

Quant aux 23,732,000 fr. de bons de la
caisse d'amortissement émis, ils n'ont assurément jamais fait partie de la propriété de cette
caisse. Il n'en a jamais été créé que pour le
service du trésor, qui a eu par conséquent le
droit de s'en servir sans s'exposer à aucuns re-
proches ; et ces bons ont nécessairement un
gage, s'il n'a pas disparu par la perte que nous
aurions faite des départemens où étaient situés
les domaines affectés à leur remboursement.
Ce serait encore un résultat de la guerre qu'il
aurait été impossible de prévoir.

Il y aurait encore à examiner si le remboursement de ces fonds est réellement exigible, ce
qui dépend de l'emploi qui en a été fait.

J'arrive à l'article principal, celui du fonds
des cautionnemens que l'on présente comme
l'objet d'un *détournement* de 196 millions,
et qui grossit d'autant la dette réputée exigible.

Les fonds de cautionnemens rentrent dans
la classe générale des emprunts faits pour le
service public. La première loi rendue sur
cette matière, celle du 7 ventôse an 8, porte :

« ART. 4. Les fonds provenant des cau-
» tionnemens *sont mis à la disposition du*
» *Gouvernement*, pour être employés aux
» dépenses de l'an 8 ».

« ART. 6. A compter de l'an 10 il sera fait
» un fonds de 2,500,000 fr. par an, qui seront
» destinés, chaque année, au rétablissement
» du principal des cautionnemens dans la caisse
» d'amortissement, et affectés à l'amortisse-
» ment de la dette publique ». (Mêmes dispo-
sitions dans les lois des 27 ventôse et 4 germinal
an 8, et 21 pluviôse an 12.

Les fonds des cautionnemens n'ont donc été
appliqués au service public qu'en vertu de lois
formelles. Les remboursemens qu'elles prescri-
vaient ont été exécutés autant que la situation
du trésor le lui a permis, et les fonds s'en
trouvent confondus dans ceux que la caisse
d'amortissement a employés à ses diverses opérations, ou qu'elle possède encore. Le renou-
vellement perpétuel de la guerre s'est opposé à
ce que ces remboursemens soient continués.

Il en résulte que l'État demeure débiteur de
la partie non remboursée; mais il ne s'ensuit
pas qu'elle puisse, si ce n'est pour la plus faible
portion, être rangée dans la classe de la dette

exigible. La plupart des cautionnemens sont en effet affectés à des places comptables qui doivent exister dans tous les temps, en sorte qu'à mesure des vacances un cautionnement est remplacé par un autre équivalent; ce qui donne à cette créance le même caractère qu'à la dette constituée, et la met au même état que si elle n'était pas remboursable. L'État n'en a à payer que l'intérêt, qui doit seul figurer actuellement dans son bilan, comme y figure la dette perpétuelle.

A l'égard des remboursemens qui pourraient être réclamés par des comptables des départemens ci-devant réunis, ils ne seraient exigibles qu'après l'apurement de leurs comptes, et il est plus que vraisemblable que bien peu auront négligé de retenir, dans ces derniers temps, leur cautionnement sur le produit de leurs recettes.

Voilà donc pour ce seul article près de 200 millions qui n'occasionneront certainement aucun embarras aux finances.

La conséquence à tirer de ce que nous venons de voir, c'est que l'on ne peut trop se hâter de revenir aux principes de l'institution primitive de la caisse d'amortissement, et de la reconstituer dans une entière indépendance de tous les ministères, afin qu'elle puisse remplir toujours exactement l'objet de son institution.

C'est la première fois depuis l'an 9 que le paiement de la dette publique ait été retardé, et l'on voit à quelle époque !...... Cette créance n'en est pas moins sacrée, et elle fait nécessairement partie de la dette exigible.

5°. Il faut ajouter à ces diverses sommes l'arriéré existant dans les dépenses à la charge particulière du ministère des finances, puisque le paiement n'en a été refusé ou retardé que parce que les fonds en avaient été employés à d'autres dépenses : cet arriéré, en y comprenant 12 millions dus pour la solde de retraite, est de 77 millions 500 mille fr. (*Tableau* N°. 16).

Je ne puis m'empêcher de faire observer que ces expressions fonds *détournés*, fonds *dévorés* à l'avance, manquent, la plupart du temps, comme on l'a vu, d'exactitude, et qu'elles dénotent *de la passion*, ce qui nuit toujours à la meilleure cause.

Ainsi le total des anticipations ou fonds détournés et dévorés à l'avance par l'ancien Gouvernement, est de 805 millions 469 mille fr.

Je ne puis ni admettre ni rejeter une évaluation dont on avoue que les élémens ne sont pas encore connus. Tout ce que je suis autorisé à présumer de l'esprit dans lequel le rapport a été dirigé, c'est que 500 millions sont le maximum auquel on a cru pouvoir porter cette estimation ; ce qui permet d'espérer des réductions plus ou moins importantes.

Ajoutons maintenant à cette somme l'arriéré des divers ministères, que l'on ne connaît pas encore avec exactitude, mais que l'on ne peut guère évaluer à moins de 500 millions, en y comprenant 150 millions ordonnancés par ces ministères dans les premiers mois de 1814, mais non acquittés par le trésor, la somme totale des anticipations et de cet arriéré s'élèvera à 1 milliard 305 millions 469 mille fr.

Il s'en faut bien que je sois d'accord sur ce résultat *effrayant*, comme on a raison de le

Si l'on y joint enfin la création de 17 millions de rentes perpétuelles, représentant un capital de 340 millions, dont moitié, à la vérité, a été employée au paiement des dettes antérieures à l'an 8, on aura pour montant de l'accroissement des dettes de l'État, pendant le cours de treize années, la somme d'un milliard 645 millions 469 mille francs.

Ce calcul est effrayant sans doute ; il ne faut cependant pas en considérer les résultats comme un mal sans remède.

dire ; et je ne vois pas quel service on a prétendu rendre à la France, en la présentant à toute l'Europe dans une situation qui serait aussi déplorable si elle était exacte. Il est heureux au moins que l'on n'ait pas eu l'idée, pour nous mieux servir encore, de capitaliser la dette publique toute entière, afin de nous montrer débiteurs d'un milliard de plus.

Il résulte des détails dans lesquels je viens d'entrer que sur les. . . . . . 1,645,000,000 fr. on peut évidemment déduire ,

1°. Les 340,000,000 représentatifs de 17,000,000 de rentes qui ne sont pas remboursables, ci. . . . 340,000,000 ⎫

2°. Les 236,550,000 f. fournis par le domaine extraordinaire ou par le trésor de la couronne. . . . . . 236,550,000 ⎬ 756,550,000

3°. Sur l'article de la Caisse d'amortissement au moins. . 180,000,000 ⎭

La dette exigible se trouverait ainsi réduite, provisoirement et par aperçu, à. . . 888,450,000 f.*

* Le rapport du ministre, dont il sera question

sauf les bonifications à espérer sur la somme de cinq cent millions, à laquelle l'arriéré des ministères est évalué.

---

plus bas, fait plus que confirmer cet aperçu ; les renseignemens qu'il a à sa disposition l'ont conduit à une estimation de 759 millions seulement, sur laquelle il y a certainement encore des bonifications à espérer.

CONCLUSION.

La meilleure manière, la seule honorable, comme la seule utile de déprécier un gouvernement qui n'est plus, c'est de faire mieux que lui. Les circonstances offrent à cet égard à la nouvelle administration les chances les plus favorables ; le retour de la paix, et sa durée garantie par le rétablissement du Roi sur le trône de ses pères, donnent un avantage immense à cette administration sur celle antérieure, qui, de quinze années, n'en a eu qu'une seule de paix : elle a par conséquent été condamnée à pourvoir à des besoins sans cesse renaissans, avec la prudence et la mesure qui étaient indispensables pour ne pas ajouter à tous les inconvéniens de la guerre, celui de compromettre le crédit par des révélations intempestives, et avant que les résultats réels pussent être connus et constatés ; car, pour juger une administration avec une équitable impartialité, il convient de prendre en considération les situations dans lesquelles elle s'est trouvée placée. L'événement des années antérieures à 1812, époque à laquelle on a vu, comme on sera plus tard dans le cas de le reconnaître, que les finances de la France pouvaient être considérées comme au pair, et où le cours des effets publics annonçait la confiance générale * ; cet événement, dis-je, semble prouver en faveur de la circonspection dont on avait usé. S'il pouvait subsister encore, au moment où l'exercice 1812 s'est ouvert, quelques mécomptes, difficiles à éviter entièrement dans d'aussi grandes affaires, une seule année de paix les aurait fait promptement dispa-

---

* Le cours des cinq pour cent a été pendant toute l'année 1811 entre 80 et 83 fr. ; celui des actions de la Banque de France a été pendant le même intervalle entre 1217 et 1250.

raître. En conservant les pays qui avaient été réunis à la France, une partie des gages donnés aux bons de la Caisse d'amortissement et des valeurs portées au budjet ne serait pas devenue caduque, de même que si, par le traité de paix, nous avions conservé les départemens au-delà des Alpes, la Hollande et les départemens anséatiques, les biens des communes de ces pays, dans lesquels l'exécution de la loi du 20 mars 1813 avait été suspendue, auraient concouru au complément de l'estimation générale de cette ressource extraordinaire, diminuée au contraire aujourd'hui par la distraction de la Belgique et des départemens de la rive gauche du Rhin.

On peut donc dire avec vérité que l'ancienne administration a eu, particulièrement depuis deux ans, toutes les chances contre elle, et que l'arriéré qui se présente appartient tout entier à des événemens qui, par le dernier résultat qu'ils ont eu, ne peuvent pas être considérés comme sans compensation, puisqu'ils ont rendu à la France un souverain dont la charte constitutionnelle consacre les principes, la sagesse et les intentions paternelles et généreuses.

Je ne signe pas ces observations, parce que l'autorité de mon nom ne pourrait rien ajouter à la valeur de mes raisonnemens : je les crois fondés sur la plus exacte justice. Mon désir a été d'écarter un système de déclamations qui ne peut qu'exciter des ressentimens sans profit pour la chose publique : après des secousses aussi violentes que celles que la France a éprouvées, l'union est le premier besoin; elle ne peut naître que de la sécurité de tous, qui assure la tranquillité générale sur laquelle repose la stabilité des Gouvernemens. Tous mes vœux sont et seront, jusqu'au dernier moment de ma vie, pour les succès de celui que la France a recouvré, et dont l'affermissement peut seul la préserver de nouveaux malheurs. Telle est ma profession de foi : elle est franche et sans réserve; elle doit être le garant de la pureté de mes intentions.

Au moment où l'on achevait l'impression de ces observations, le rapport présenté au Roi par S. E. M. le Ministre et secrétaire d'état des finances paraît. Je vois qu'une partie des erreurs que j'avais remarquées dans l'exposé fait aux deux chambres est rectifié par ce rapport, et que la dette, présentée d'abord comme *exigible*, est réduite provisoirement d'environ un milliard. C'est déjà beaucoup pour la tranquillité des créanciers de l'État, et pour notre consistance dans l'étranger, d'autant qu'il est plus que probable que cet aperçu peut être susceptible encore d'atténuations qu'il serait, quant à présent, impossible de déterminer.

Mais je retrouve dans le rapport du ministre le reproche d'avoir *sciemment* présenté de *faux* budjets; et cette inculpation se remontre avec des détails qui m'obligent à revenir sur une partie de ce que j'ai déjà dit à ce sujet.

Le ministre rappelle les exercices 1810, 1811 et 1812. Il se borne à dire, relativement à l'exercice 1810, qu'il est présenté dans le compte de 1812 comme se suffisant à lui-même.

J'ajoute que, d'après les renseignemens que je me suis procurés, l'exercice 1810, par un dernier résultat, a fait plus que se balancer. Le ministre de l'administration de la guerre a reconnu que plusieurs chapitres de son budjet étaient susceptibles de diminution, d'autres d'augmentation. De la balance des uns et des autres il est résulté une bonification de 7,211,287 fr., qui a réduit l'ensemble des dépenses de cet exercice à 779,037,986 francs, au lieu de 785,060,443 francs, ci . . . . 779,037,986 fr.

Les recettes du trésor s'étant élevées, au premier octobre 1813, en y comprenant une régularisation de 367,000 fr. qui restait à faire avec l'administration des postes, à. . . . . 786,806,528 fr.

Il en est résulté un excédant de recettes de 7,768,542 fr. , applicable aux dépenses de 1811.

Les recettes de 1810 n'avaient donc pas été exagérées, ni *sciemment*, ni involontairement, de même que les dépenses n'avaient pas été atténuées au budjet de cet exercice.

Exercice 1811.

Le ministre annonce que cet exercice présente un reste à recouvrer de 6,302,414 fr. , lequel ne laisse, après deux ans, aucune espérance de recouvrement.

Un semblable mécompte dans une estimation d'un milliard , divisé en beaucoup d'articles, ne mériterait pas, ce me semble, l'accusation de mauvaise foi : au surplus, en supposant, ce qui est douteux, qu'aucune partie des 6,302,414 fr. ne fût réellement recouvrable, cette différence se trouve couverte et au-delà , par les 7,768,542 fr. , dont les recettes réelles de 1810 avaient excédé les besoins.

Encore un exercice dans lequel on ne trouve aucune trace de dissimulation volontaire.

Exercice 1812.

Je ne vois rien à ajouter à ce que j'ai dit plus haut concernant cet exercice.

Exercice 1813

Le rapport annonce que la plus grande partie du déficit sur les recettes de cette année (*qui a été plus malheureuse encore que la précédente*) provient des sommes qui restaient à recouvrer dans les départemens séparés de la France.

Il n'y avait donc pas eu d'exagération dans la fixation du budjet, puisqu'il est reconnu que la recette qui manque devait être produite par les pays qui ont cessé, dans le cours de 1813, de nous appartenir ; ce qui ne pouvait pas être prévu lors de la formation du budjet.

Cet exercice n'a pas dû, au surplus, figurer dans le compte de 1812, rédigé au 1er. octobre 1813, époque à laquelle on sent qu'il eût été impossible de présenter les résultats d'une année dont les trois quarts étaient à peine écoulés, et dont toutes les opérations avaient été troublées par les revers de cette campagne.

Exercice 1814.

Le ministre blâme principalement les évaluations données aux produits des douanes et à ceux de la régie des droits réunis.

Les douanes avaient produit 102 millions en 1811 ; elles ont produit près de 99 millions dans la désastreuse année 1813. L'estimation de 100 millions pour 1814, tenait le milieu entre ces deux résultats.

Celle des droits réunis et des tabacs a dû être basée sur les résultats obtenus pendant la partie écoulée au premier octobre de l'année 1813, pour laquelle il avait été pris des mesures d'amélioration de cette branche de revenu, qui ne permettaient plus de ne l'évaluer que d'après les produits des années antérieures.

Quant aux moyens extraordinaires, ils se composaient, pour près des deux tiers, des mêmes additions aux contributions directes *que l'on conserve aujourd'hui* et d'une vente bois *telle que celle qui est proposée pour la liquidation de l'arriéré*. Ces moyens avaient par conséquent dû paraître, comme ils le paraissent encore, offrir une ressource réelle. Le surplus se composait d'additions aux contributions indirectes , également susceptibles de se réaliser , si les circonstances étaient devenues moins défavorables.

En dernière analyse, on doit comprendre qu'à l'époque désastreuse où l'on avait projeté le budjet de 1814, le Gouvernement, partagé entre mille soins divers et spécialement occupé des mesures de défense du territoire, devait avoir peu le temps de s'appesantir sur des calculs qui exigent du calme et de la réflexion. Ce ne serait donc qu'à sa position qu'il serait juste d'attribuer les erreurs dans lesquelles il serait tombé, et non à un projet de dissimulation dont les exercices précédens n'ont pas offert l'exemple.

Peut-être serais-je autorisé à diriger , avec quelque apparence de justice, ce reproche sur la rédaction du tableau n°. 10, annexé au rapport du ministre.

Les centimes *extraordinaires* n'ayant été demandés qu'à cause *de la guerre*, cette perception aurait naturellement cessé *à la paix*. Le montant de ce produit *extraordinaire* ne devait pas entrer en comparaison avec les nouveaux centimes que l'on propose *comme permanens;* car on ne peut raisonnablement comparer que deux choses analogues. Les nouveaux centimes proposés ne pourraient dès lors entrer en comparaison qu'avec les *centimes permanens*, qui existaient antérieurement.

Or , on voit par le tableau n°. 10 que les centimes ordinaires étaient sur la contribution foncière au nombre de. . . . . 34 c.

Nouveaux centimes proposés. 60

Augmentation 26

au lieu d'une diminution de 24 présentée par le même tableau.

Sur la contribution personnelle on percevait 23 centimes ,
ci . . . . 23 c.

On en propose 60

              Augmentation 37

au lieu d'une diminution de 63 présentée par le tableau.

Je ne prétends pas blâmer cette mesure ; autant vaut-il obtenir la somme que le service réclame par des centimes additionnels que par une augmentation du principal ; l'effet est le même pour celui qui paie : je dis seulement que le résultat n'est pas fidèlement présenté.

Je pourrais aussi trouver un exemple *d'exagération du budjet* dans la partie du rapport où le ministre s'exprime ainsi, pag. 11 : « Nous » comprenons *intégralement* dans le budjet des recettes et *sans* » *déduction*, les contributions directes et les centimes additionnels » ordinaires de l'année 1814. Cependant dans un grand nombre de » départemens le recouvrement a été troublé ; des perceptions ont » été faites pour le compte des armées qui les occupaient ; et les » réquisitions, les ravages de la guerre ont mis plusieurs départemens » hors d'état de payer leurs contributions ».

Voilà donc le ministre obligé, dès ses premiers pas, par la force des circonstances, à présenter un budjet dont il reconnaît ne pouvoir garantir la réalisation.

Je ne puis me dispenser de dire un mot sur un chapitre qui occupe une grande place dans le rapport du ministre ; celui de la caisse d'amortissement. La théorie de ce genre d'institution est connue depuis si long-temps, qu'il n'y avait eu aucun mérite à faire entrer cet élément dans le système des finances fondé en l'an 8, et qui subsiste encore tout entier ; mais il ne put être placé dans l'édifice que, pour ainsi dire, comme *une pierre d'attente* : car, ainsi que le ministre le remarque avec autant de justesse que de raison, il faut à une caisse d'amortissement des temps propices ; il faut surtout la paix, qui, dans un pays aussi riche que la France, procure facilement *un excédant de revenu.* Or, nous avons été, depuis quinze ans, engagés dans des guerres continuelles ; l'action de la caisse d'amortissement a donc été nécessairement suspendue, et il me semble qu'il serait injuste d'attribuer son inaction ou à l'ignorance du Gouvernement sur une matière dont les élémens sont aussi simples, ou, ce qui serait pis encore, à la dilapidation. Le Gouvernement a eu le droit d'exiger de cet établissement un genre de service qu'il était éminemment propre à rendre ; celui de mettre le trésor à portée d'employer à ses affaires des valeurs considérables en domaines et autres objets qui ne pouvaient se réaliser qu'avec le temps, mais qui pouvaient convenablement servir de gage à des bons de la caisse d'amortissement portant intérêt et remboursables à époques fixes. Ce genre de service ne serait pas incompatible avec la fonction à laquelle elle est plus particulièrement destinée, même dans des temps qui lui permettraient de la remplir dans toute son étendue.

On veut toujours comparer la caisse d'amortissement d'Angleterre avec celle de France, pour en tirer un sujet de critique et de blâme, comme si la position des deux pays était la même ! comme si un Etat qui a une dette immense, et dans lequel des emprunts annuels constituent une partie essentielle du système des finances, avait quelque chose de commun avec la France, qui n'a qu'une dette médiocre, eu égard à sa fortune, et dont les dépenses, en temps ordinaire, s'acquittent avec facilité sur le produit de revenus certains ! C'est réellement comparer deux choses qui n'ont ensemble aucun rapport. Mais ceci m'entraînerait au-delà des limites d'une simple note ; je me borne à faire observer que, sous le rapport même de *l'amortissement de la dette,* la caisse d'amortissement n'a pas été entièrement inutile, puisqu'elle possède encore 3,600,000 francs de rentes qu'elle a acquises ; qu'elle a de plus rempli , dans l'origine, avec un grand succès, la fonction particulière de *caisse de garantie des obligations des receveurs généraux ,* qui ont été, dans les trois premières années du dernier Gouvernement, le principal instrument du service du trésor ; qu'enfin si une partie des valeurs qui servaient de gage aux bons qu'elle a émis est devenue caduque, c'est parce qu'elles sont placées dans des pays que nous venons de perdre ; ce qui est le résultat d'une force majeure et au-dessus de toute prévoyance : car les sommes qui restent dues sur les domaines situés en France, seront nécessairement acquittées ; comme les domaines non encore aliénés, et qui ne seraient pas aujourd'hui dans le cas d'être restitués , seront bien certainement vendus.

Quelque désir que j'aie d'abréger cette note, je ne puis laisser passer une *inexactitude* importante qui s'est glissée dans la rédaction d'un article du rapport du Ministre. On y dit, en parlant des biens des communes : « Le dernier compte des finances de 1812 réduit *la pre-* » *mière estimation* de 370 millions à 164,000,000, et reconnaît » ainsi une *exagération* de 206,000,000 ».

Ce n'est pas là ce que dit le compte de 1812 , ni ce qu'il reconnaît : il dit que *les prises de possession connues jusque là* présentaient une valeur estimative de 164 millions ; ce qui est tellement différent de ce qu'on lui fait dire, toujours pour appuyer l'éternel reproche d'*exagérations volontaires* dans les ressources de l'Etat , que l'on voit dans le même rapport, deux lignes plus bas, que ces mêmes *prises de possession* s'étaient accrues déjà au premier avril de plus de cinq millions, et qu'elles s'élevaient alors à 169,324,975 fr.

Il importe d'être exact surtout quand on accuse.

Comment justifier l'intention du rapport dans lequel , non content de présenter les *prises de possession* comme un *produit estimatif*, afin d'en tirer une conséquence injurieuse, on affaiblit encore de plus de cinq millions le montant *déjà connu* de ces mêmes prises de possession ?...... Et pourquoi dans une opération en cours d'exécution, et qui aujourd'hui même n'est pas encore à son terme, s'est-on attaché à un résultat *antérieur de plus de trois mois* à l'époque à laquelle ce rapport était rédigé ?

Enfin pourquoi au capital de 164 millions que l'on voulait présenter comme *un produit estimatif*, n'a-t-on pas du moins ajouté le bénéfice des enchères, qui avait nécessairement dû faire partie de l'estimation proprement dite ? Or, ce bénéfice n'était pas ignoré, puisque le rapport même le porte pour 8 millions sur un capital estimatif de près de 56 millions, qui en a produit 64 par les ventes effectuées dans 86 départemens seulement; ce qui donne un septième en sus de la première mise à prix. C'eût été déjà un objet de 23 millions 500 mille fr. à ajouter aux 164 millions auxquels on réduisait la prétendue estimation primitive.

Il aurait de plus été juste de faire remarquer que le bénéfice des enchères s'était élevé, dans les premiers temps, jusqu'à 25 pour cent, et qu'il ne s'était réduit depuis au taux commun du septième seulement, que par suite de la défaveur que les ventes avaient éprouvée à raison des circonstances devenues de plus en plus difficiles.

Je laisse à juger de quel côté se trouve ici l'inexactitude ou la bonne foi.

Il faudrait faire un volume pour relever tout ce que cet étrange rapport renferme d'inexactitudes, même dans l'énoncé des faits le plus généralement connus.

On lit, par exemple, pag. 28 : « Le ministère des finances, comme » dépositaire des deniers publics, était divisé en trois caisses princi- » pales et centrales; le trésor proprement dit, la caisse de service

» dépendante du trésor, et la caisse d'amortissement indépendante
» du trésor ».

Qui ne croirait, d'après cet exposé, qu'il n'existait antérieurement, pour les finances, qu'un ministère unique auquel le dépôt général des fonds publics était confié ?

Cependant personne n'ignore, et le ministre, qui a occupé jusqu'au 31 mars 1814 l'une des trois places d'administrateur du trésor, peut ignorer moins que tout autre encore, que depuis l'an 10, c'est-à-dire, depuis 14 ans, il avait constamment existé pour les finances deux ministères *tout-à-fait indépendans l'un de l'autre, et ayant des attributions parfaitement distinctes;* que le ministre des finances n'avait aucun droit de surveillance sur les caisses du trésor, qui étaient le véritable dépôt de la fortune publique; qu'il ne pouvait exercer aucune influence sur les opérations et les négociations du trésor; qu'elles étaient dirigées, dans une entière indépendance, par un ministre de beaucoup de talent, et qui ne méritait pas qu'on le fît ainsi disparaître, pour n'en faire qu'un chef de division du ministère des finances. La vérité est, et cette vérité est de notoriété publique, que depuis le premier jour de l'an 10 (1802) le ministre des finances n'a pas eu un seul ordre à donner à un agent du ministère du trésor; que les relations du ministre de ce département avec le Gouvernement ont toujours été directes; que les opérations relatives à l'exécution du service étaient réglées sur sa proposition, ainsi que l'attestent une foule de décrets rendus sur son rapport, sans que le ministre des finances fût même consulté, parce que l'objet était tout-à-fait étranger à ses attributions; qu'enfin, loin que ce ministère eût la moindre action sur l'autre, la force des circonstances a mis souvent le ministre du trésor dans le cas d'intervenir, par sa correspondance avec le préfet, dans des affaires purement administratives, et qui dès lors auraient été de la compétence exclusive du ministre des finances.

C'est ainsi encore que, par suite de l'influence nécessaire que la nature des choses donnait au ministre du trésor sur les opérations des receveurs généraux, la caisse d'amortissement, placée en effet dans les attributions du ministère des finances, avait par le fait cessé d'être indépendante de celui du trésor depuis que le produit des recettes, que les receveurs généraux faisaient pour le compte de cet établissement, avait dû être versé à la caisse de service, d'où il ne pouvait plus tirer ses fonds qu'avec l'agrément et par les ordres du ministre du trésor.

Voilà des faits qui peuvent être certifiés par tous les agens des deux ministères.

Mais il faut mettre un terme à cette pénible et fastidieuse analyse.

Je finis par une réflexion qui pourra déplaire contre mon intention ; car je n'ai jamais celle de blesser personne ; mais je la crois, cette réflexion, éminemment utile au service du Roi, et cette considération doit l'emporter sur toute autre. J'observe donc que s'il peut convenir à une autorité usurpatrice, qui ne peut tirer sa force d'elle-même, de grossir, par tous les moyens, les torts du Gouvernement qui l'a précédée, afin d'appeler ainsi le passé au secours du présent, et de fonder son pouvoir sur l'espérance donnée d'un meilleur avenir, une telle combinaison répugne à la dignité de l'autorité légitime qui existe par un titre non contesté et qui tire de là toute la puissance qui lui est nécessaire pour assurer le bonheur des peuples.

Je pense donc que ce ne serait pas servir cette autorité selon ses convenances, que de donner l'exemple d'accusations hasardées ; exemple dont le résultat, surtout dans un gouvernement représentatif, pourrait être de préparer à sa propre administration des difficultés qui embarrasseraient sa marche.

Toutes les petites passions doivent se taire en présence d'aussi grands intérêts.

IMPRIMERIE DE FAIN, PLACE DE L'ODÉON.

9 782014 108316